AF525932

Dieses Buch gehört:
....

Malbuch für Erwachsene

und Kinder ab 8 Jahren

ART Klassik

Wilde TIERE

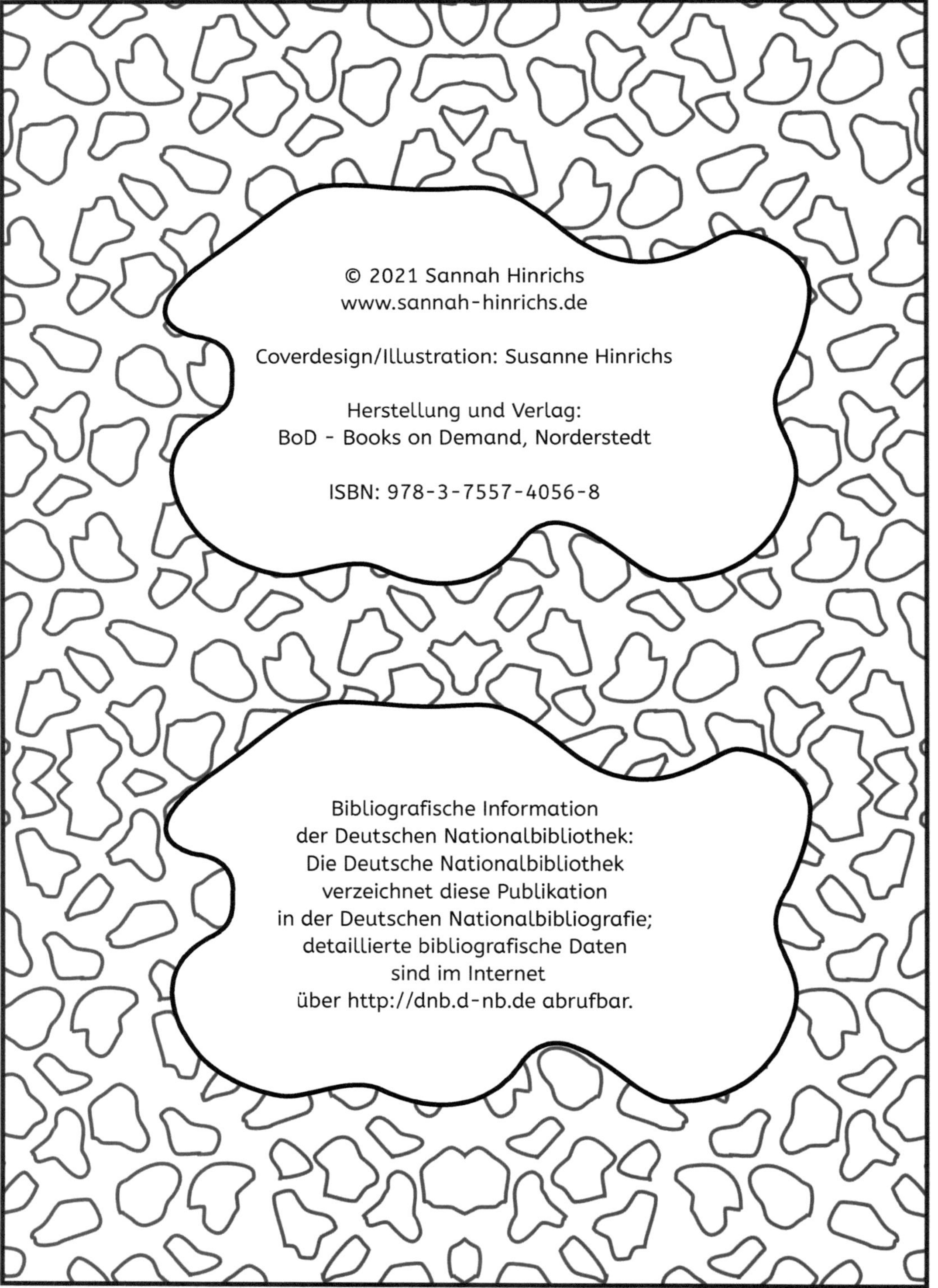

www.sannah-hinrichs.de

Coverdesign/Illustration: Susanne Hinrichs

Herstellung und Verlag:
BoD - Books on Demand, Norderstedt

ISBN: 978-3-7557-4056-8

Bibliografische Information
der Deutschen Nationalbibliothek:
Die Deutsche Nationalbibliothek
verzeichnet diese Publikation
in der Deutschen Nationalbibliografie;
detaillierte bibliografische Daten
sind im Internet
über http://dnb.d-nb.de abrufbar.

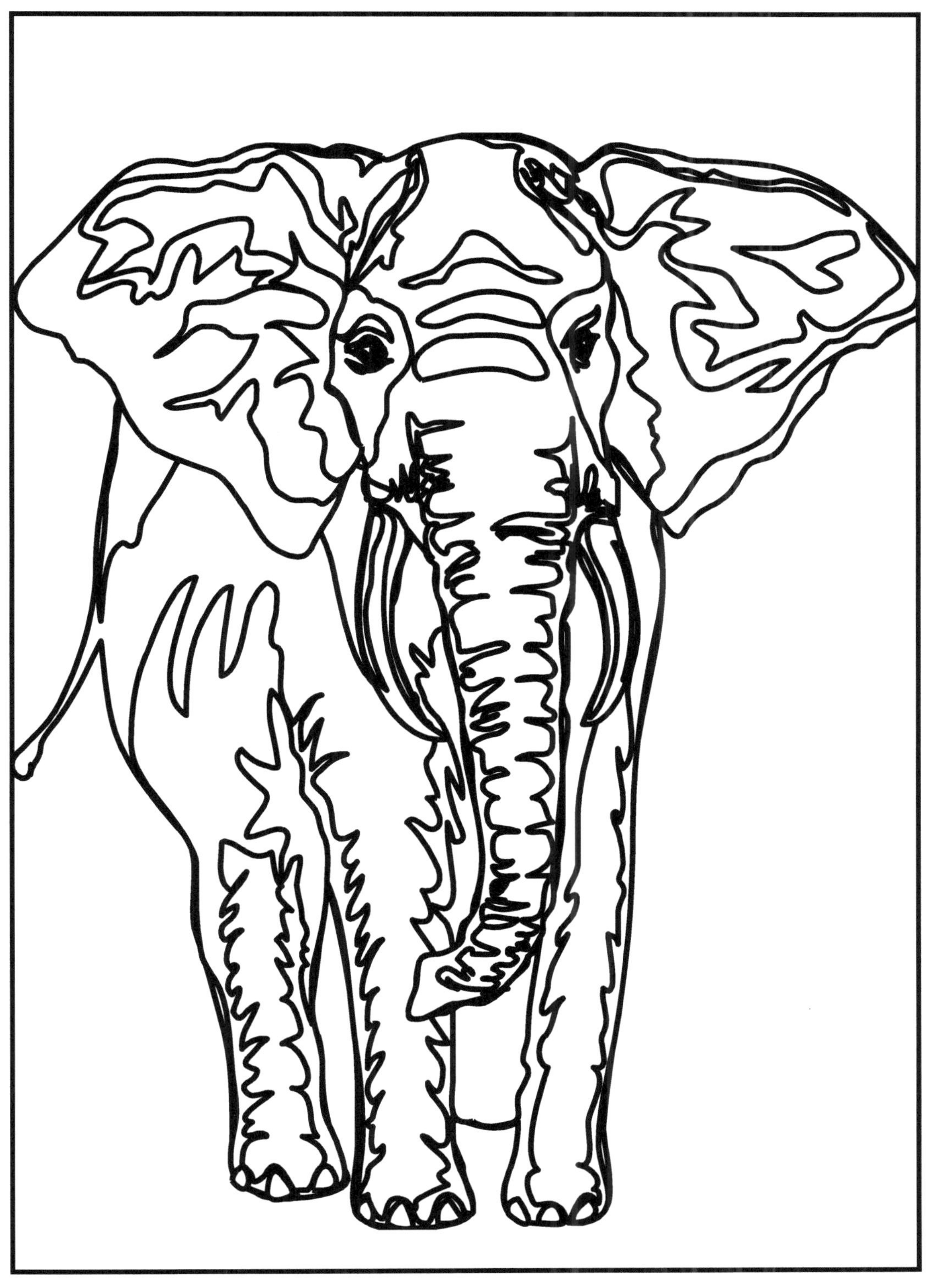

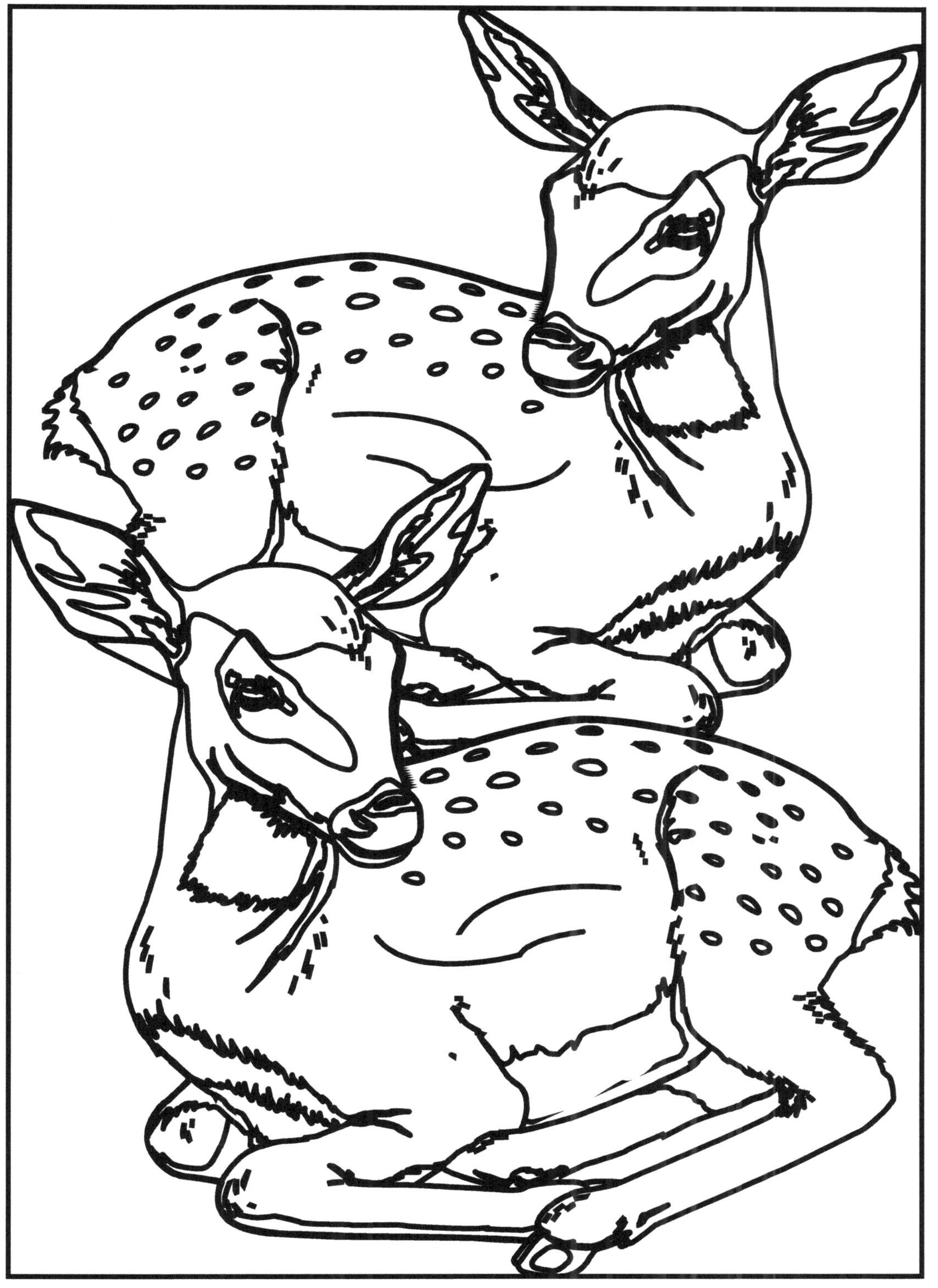

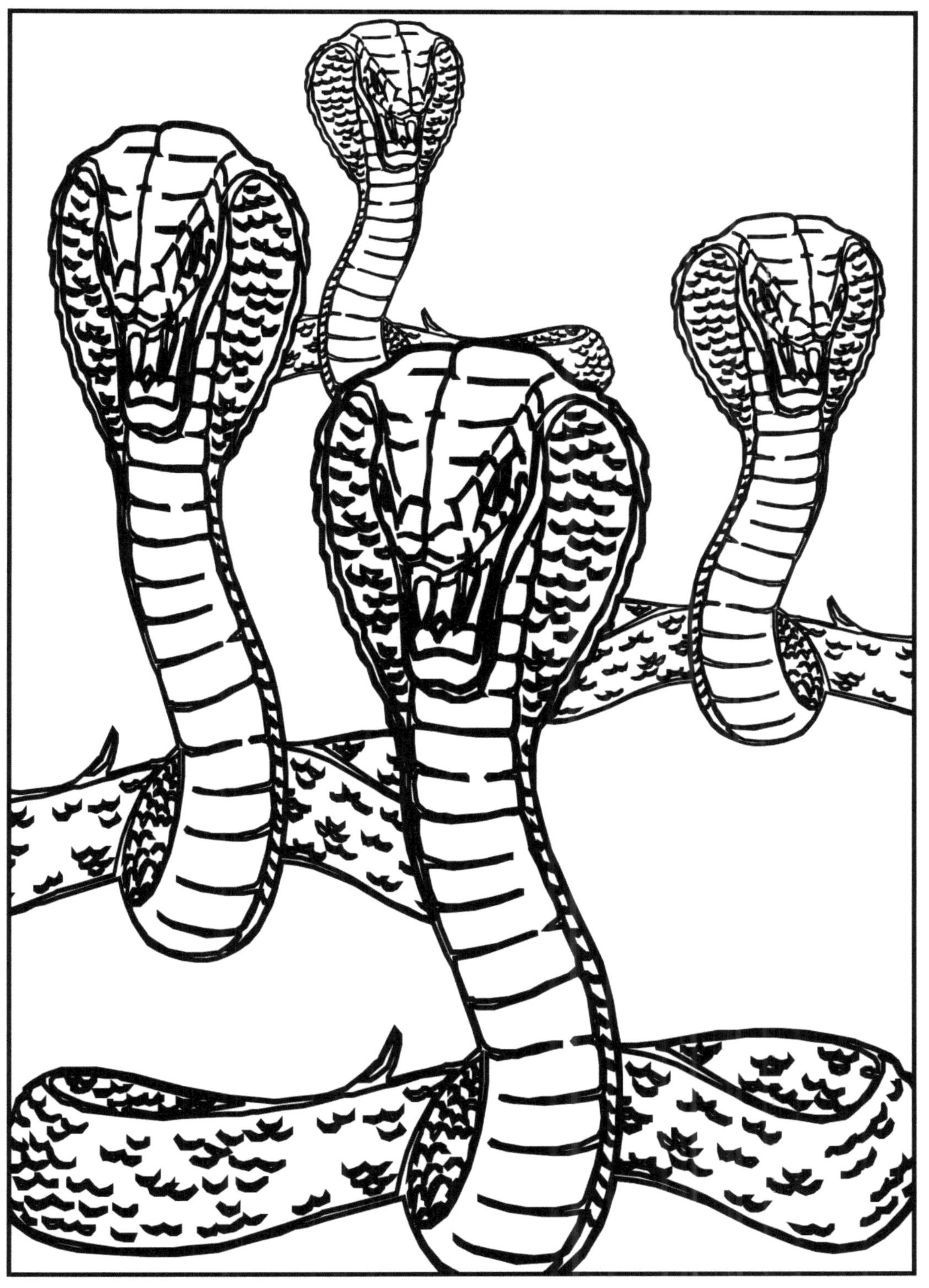

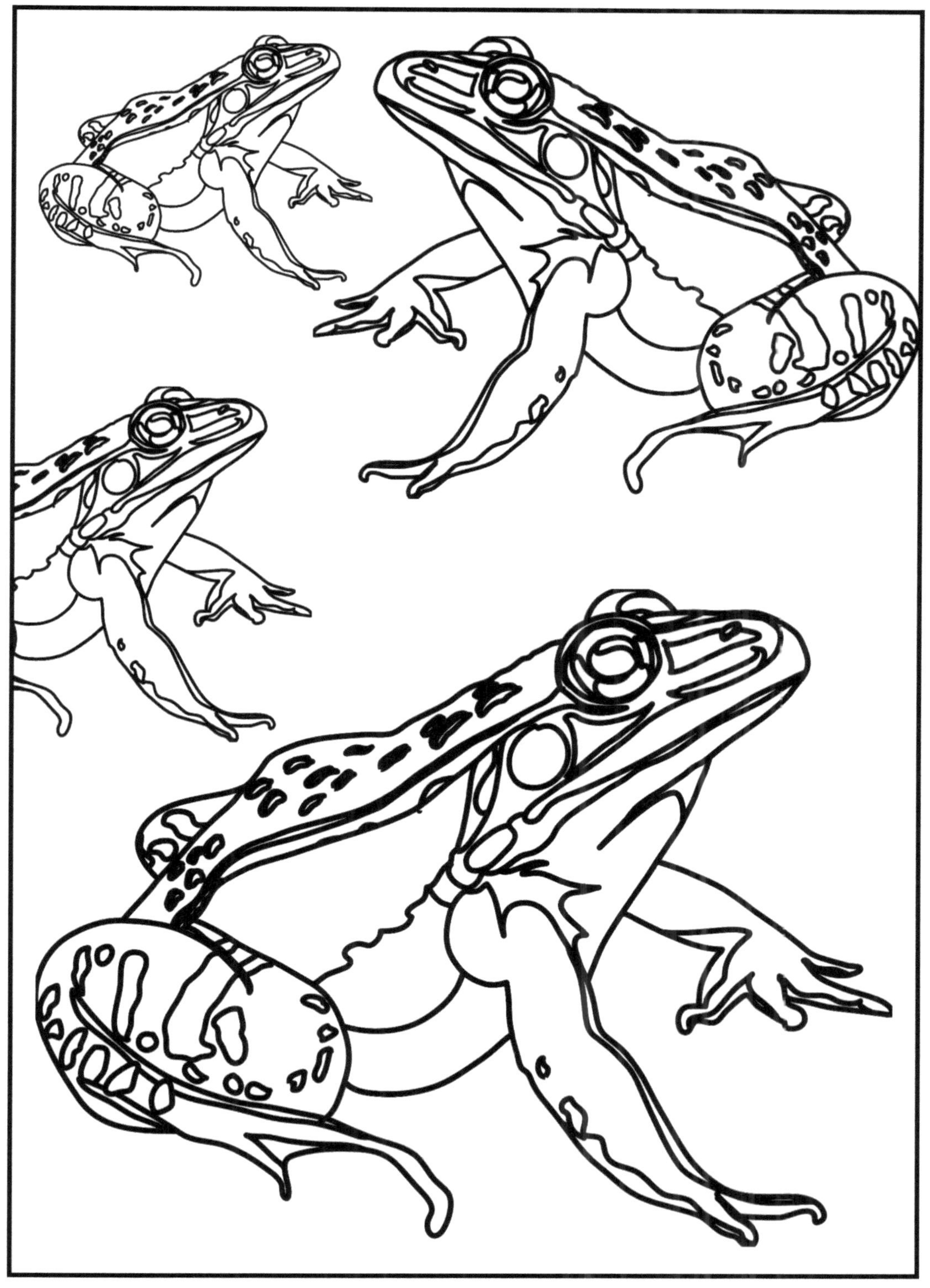

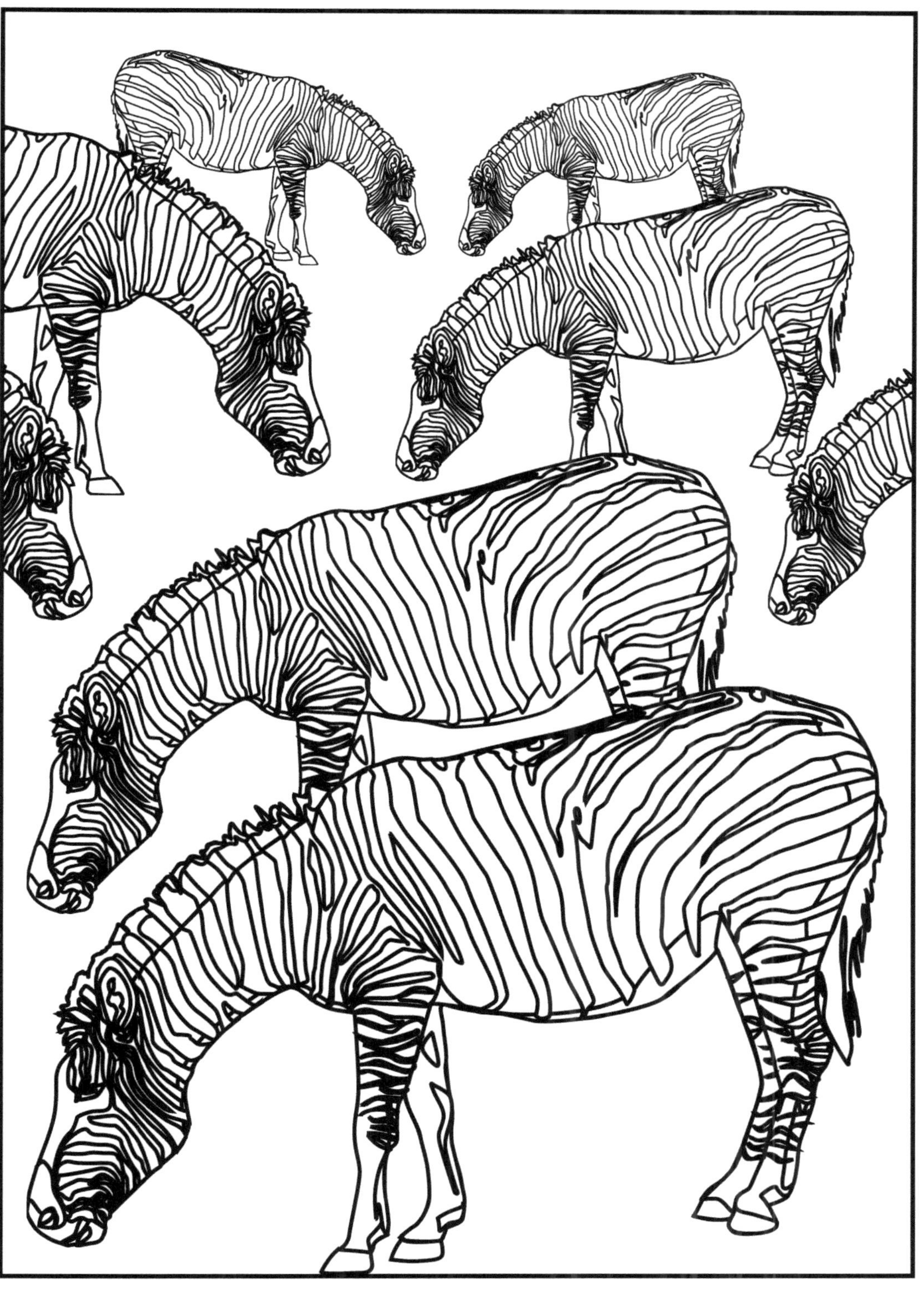

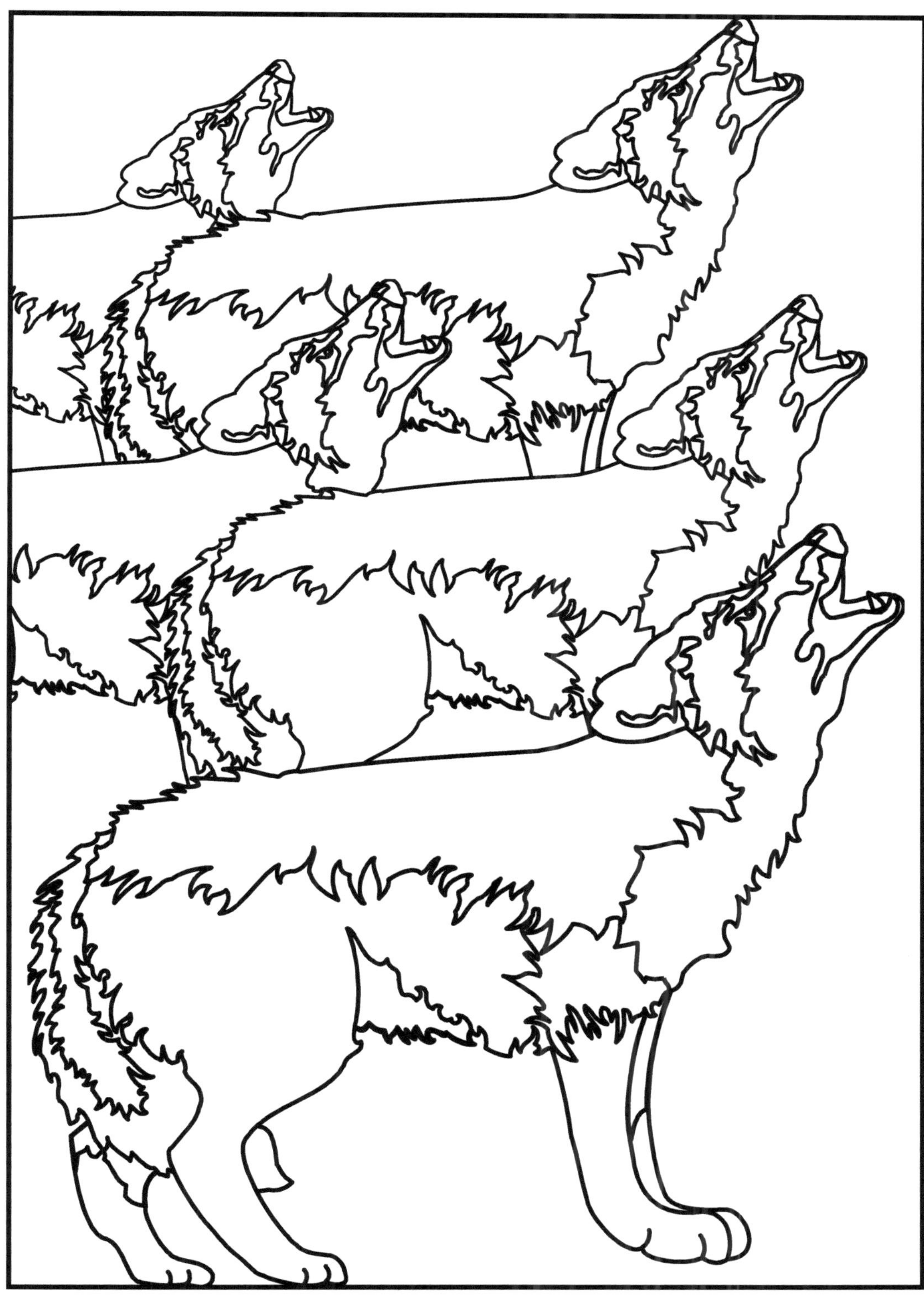

MIX
Papier aus verantwortungsvollen Quellen
Paper from responsible sources
FSC® C105338
FSC
www.fsc.org